Bibliografische Information der Deutschen Nationalbibliothek:

Die Deutsche Bibliothek verzeichnet diese Publikation in der Deutschen Nationalbibliografie; detaillierte bibliografische Daten sind im Internet über http://dnb.d-nb.de/ abrufbar.

Impressum:

Druck und Bindung: Books on Demand GmbH, Norderstedt Germany
ISBN: 9783640600311

Dieses Buch bei GRIN:

http://www.grin.com/de/e-book/149496/hitlerjugend-und-freie-deutsche-jugend

Monique Wicklein

Hitlerjugend und Freie Deutsche Jugend

Vergleich zweier Jugendorganisationen in Deutschland

GRIN Verlag

Universität Erfurt
40 Jahre Schulentwicklung in Ost- und Westdeutschland – 6LP
Wintersemester 2009/2010

Hitlerjugend und Freie Deutsche Jugend
Vergleich zweier Jugendorganisationen in Deutschland

eingereicht am 04. März 2010

Inhaltsverzeichnis

1. Einleitung und Vorgehensweise

„Und komischerweise bei uns in Zschieren ist aus dem HJ-Heim gleich ein FDJ-Heim geworden. Die haben bloß die Fahne gewechselt.“ [1]

Ob und inwieweit dieses Zitat von dem ehemaligen Hitlerjungen Werner Plath auch auf andere Bereiche der Jugendorganisationen Hitlerjugend und Freie Deutsche Jugend zutrifft, soll mit der vorliegenden Hausarbeit geklärt werden.
Da das Thema sehr umfangreich ist und die zahlreich vorhandene Literatur nicht leicht zu bewältigen ist, werde ich mich auf die wesentlichsten Punkte konzentrieren und beispielsweise Aspekte wie Symbole, Gelöbnisse oder Lieder außen vor lassen. Weiterhin ist es klar, dass jede Organisation in gewisser Weise auch Gegner hatte, aber auch auf diese möchte ich, aufgrund der begrenzten Seitenanzahl nicht genauer eingehen. Schließlich soll das Hauptziel der Arbeit sein, zu untersuchen und herauszufinden inwieweit sich die Geschichte der Jugend im Nationalsozialismus später in der DDR in ihren wichtigsten Aspekten wiederholte. Zum Thema liegen schon mehrere Arbeiten vor, die ich als Stütze zur Findung von Ideen und Anregungen verwendete.
Zum besseren Verständnis werde ich zunächst auf die Entwicklung der beiden Organisationen eingehen, um mich dann den wichtigsten Bereichen im Vergleich zu widmen. Dabei möchte ich vor allem mit Zitaten von Zeitzeugen belegen, wie sich Hitlerjugend und Freie Deutsche Jugend unterschieden haben und in welchen Punkten sie Gemeinsamkeiten aufwiesen.
Die Gliederung der Hausarbeit erfolgt nach folgendem Schema: Zu den einzelnen Punkten werde ich zunächst die wichtigsten Aspekte von Hitlerjugend und Freier Deutscher Jugend erläutern. Ein zusammenfassender Vergleich im Anschluss an den jeweiligen Gliederungspunkt verschafft dazu jeweils einen guten Überblick. Ich möchte hiermit schon einmal auf die im Schlussteil aufgezeigte Tabelle verweisen, welche die wichtigsten Gemeinsamkeiten und Unterschiede nochmals zusammenfassend darstellt.
Die Arbeit enthält viele Abkürzungen, welche sich im Anhang in einem Abkürzungsverzeichnis wiederfinden.
Zu meiner persönlichen Rechtfertigung möchte ich hiermit klar stellen, dass ich die Ideologie der Nationalsozialisten keinesfalls vertrete. Ich habe versucht, die Arbeit dennoch so neutral wie möglich zu gestalten. Wenn allerdings Missverständlichkeiten auftreten sollten, so bitte ich, dies zu entschuldigen.

[1] Plath, Werner in: Kinder in Uniform, S. 57

2. Geschichte der Jugendorganisationen: Von der HJ zur FDJ

2.1 Jugend im Dritten Reich – Zur Entstehung der Hitlerjugend

Der Erste Weltkrieg brachte vor allem der Jugend bzw. der jungen Generation in Deutschland nachhaltige Folgen. Viele Teile der Bevölkerung fühlten sich betrogen und wollten sich der politischen Situation nicht anpassen. Durch die materiellen Belastungen, die der Versailler Vertrag mit sich brachte, verarmten große Teile der Bevölkerung. Vor allem die deutsche Jugend war von diesen Folgen betroffen. Es herrschte eine hohe Arbeitslosigkeit und schlechte Arbeitsbedingungen. Kaum ein Jugendlicher dieser Zeit glaubte daher noch an eine politische, gesellschaftliche und ökonomische Ordnung. [2]

Die stark an Mitgliedern wachsende NSDAP nutzte diese politische Lage Deutschlands, indem sie gezielt ihre propagandistischen Mittel zur Manipulation der Jugendlichen einsetzte.

Vor allem im Jahre 1932 stieg die Mitgliederzahl der NSDAP erheblich an, es folgte ein ebenso starker Zuwachs der Mitglieder der Hitlerjugend von Ende 1932 bis 1934, welche im Punkt 3.3 noch einmal genauer dargestellt wird.

Vorläufer der am 26. Juli 1926 gegründeten Hitlerjugend war der 1922 in München von Adolf Lenk gegründete „Jugendbund der NSDAP". Allerdings fand dieser in der Zeit noch keinen wirklichen Zulauf. Ebenso war Adolf Lenk eher unqualifiziert und besaß „als Jugendführer keine besonderen Gaben."[3] Trotzdem bildeten sich weitere Ortsgruppen u.a. in Nürnberg, Zeitz, Dresden, Hanau und Plauen im Vogtland. Genau diese (gegründet von Kurt Gruber) in Plauen sollte später zum Kern der Hitlerjugend werden. Während dem Verbot der NSDAP 1923 bis 1925 gründeten u.a. Adolf Lenk weitere Gruppen und Bünde, die allerdings eher unbedeutend blieben. Im Mai 1924 gründeten Drexler, Rosenberg, Amann, Dinter, Streicher und Esser die „Großdeutsche Volksgemeinschaft", der in etwa zur gleichen Zeit eine „Großdeutsche Jugendbewegung" anhing. Mit der Neugründung der NSDAP wurde Adolf Lenk aufgrund von Unfähigkeit und Verhandlungen mit der Frontjugend entlassen. Die Fähigkeiten zu Führung einer Jugendorganisation, die Adolf Lenk fehlten, besaß allerdings der schon oben angesprochene Kurt Gruber. Er setzte sich voll und ganz für seine Gruppe in Plauen ein und wurde schon im Frühjahr 1924 zum Führer des Landesverbandes Sachsen der Großdeutschen Jugendbewegung ernannt. Kurt Gruber war damit einer der wohl einflussreichsten Führer der Jugendorganisation. Nach seiner Haftentlassung (und somit nach

[2] Von Hellfeld, M.: Bündische Jugend und Hitlerjugend – Zur Geschichte von Anpassung und Widerstand 1930 – 1939, Verlag Wissenschaft und Politik, Köln, 1987, S. 27f.

[3] Brandenburg, H.C.: Die Geschichte der HJ – Wege und Irrwege einer Generatio n, Verlag Wissen schaft u nd Politik, Köln, 1968, S. 23

der Neugründung der NSDAP) erschienen Adolf Hitler einige Gruppierungen allerdings nicht als vertrauenswürdig, denn er „lehnte alle Gruppierungen ab, die sich ihm nicht bedingungslos unterwarfen“ [4] Hitler befürwortete in diesem Zusammenhang die „Schilljugend“, welche ihn allerdings enttäuschte. Kurt Gruber engagierte sich in der Zeit weiter für die Großdeutsche Jugendbewegung, sodass Adolf Hitler davon ausgehen konnte, dass dieser der nationalsozialistischen Bewegung treu bleiben würde. So kam es, dass die „Großdeutsche Jugendbewegung“ am 3./4. Juli 1926 (auf Vorschlag Julius Streichers) in „Hitlerjugend, Bund Deutscher Arbeiterjugend“ umbenannt wurde und bis 1945 als die „einzige offizielle Jugendorganisation der NSDAP“ bestand. [5]

Neben und unabhängig von der Hitlerjugend entstanden seit Mitte der 20er Jahre weitere nationalsozialistische Jugendorganisationen. Dazu zählte u.a. der NS-Schülerbund (wurde am 01. März 1933 vollständig in die HJ eingegliedert), dessen Führer Adrian Theodor von Renteln 1931 den bisherigen Reichsführer der Hitlerjugend, Kurt Gruber, ablöste. Ebenso existierte ein NS-Studentenbund, geleitet von Baldur von Schirach, welcher am 30. Oktober 1931 zum „Reichsjugendführer der NSDAP“, später, am 17. Juni 1933 zum „Reichsjugendführer des Deutschen Reiches“ ernannt wurde. Artur Axmann (der Leiter der Nationalsozialistischen Berufsschulorganisation, die sich allerdings nicht durchsetzen konnte[6]) übernahm dieses Amt ab 1940. An der Spitze der gesamten Hitlerjugend stand die Reichsjugendführung in Berlin. [7]

Die Hitlerjugend bestand bis zum Kriegsende 1945 und wurde schließlich mit dem Verbot der NSDAP und all ihrer Organisationen durch die Alliierten verboten.

2.2 Jugend nach dem Zweit en Weltkrieg – Zur Entstehung der FDJ

Nach dem Ende des Zweiten Weltkrieges im Mai 1945 wurde Deutschland in vier Besatzungszonen auf geteilt, von denen eine die Sowjetische Besatzungszone (SBZ) darstellte.
Alle vier Besatzungszonen begannen schon anfangs ihr eigenes System zu entwickeln. In der SBZ übernahm dies die Sowjetische Militäradministration in Deutschland (SMAD). Oberstes Ziel war zunächst die restlose Entnazifizierung der deutschen Bürger, inbegriffen der deutschen Jugend. Schon fünf Wochen nach der Kapitulation befürwortete die SMAD die Gründung neuer Parteien; es entstanden die Kommunistische Partei Deutschlands (KPD), Die

[4] Brandenburg, S. 27
[5] Ebd. S. 22ff.
[6] Ebd. S. 50f.
[7] Sauerwein, Teresa: Hitlerjugend (HJ), 1926-1945, in: Historisches Lexikon Bayerns, [URL: http://www.historisches -lexikon-bayerns.de/artikel/artikel_44892], 30.11.2009

Sozialdemokratische Partei Deutschlands (SPD), die Christlich Demokratische Union Deutschlands (CDUD) und die Liberal-Demokratische Partei Deutschlands (LDPD). [8]

Die deutsche Jugend war von den Folgen des Zweiten Weltkrieges schwer getroffen, vor allem durch den Verlust männlicher Jugendlicher, die den Kriegsdienst leisten mussten und im Krieg fielen. Ziel der Parteien war es nun, die „verbliebenen" Jugendlichen im Sinne der Demokratie zu erziehen und für den Wiederaufbau zu gewinnen. Es bildeten sich zahlreiche antifaschistische Jugendausschüsse. [9] Allerdings blieb die Haltung der Parteien gegenüber den Jugendlichen vorerst eher skeptisch, da nahezu alle Jugendlichen in der Hitlerjugend und ihren Teilorganisationen vertreten waren. Bis 1947 wurden daher noch zahlreiche Verhaftungen deutscher Jugendlicher vorgenommen. [10]

Nur wenige Heranwachsende fanden sich schon kurz nach dem Kriegsende in, vor allem mit Hilfe junger Erwachsener, die vor 1933 schon Jugendorganisationen betrieben haben, neugegründeten Jugendverbänden wieder. Die KPD allerdings, die sich zunächst wohl als einzige Partei für die Jugend einzusetzen vermochte, strebte eine „einheitliche, freie Jugendbewegung" [11] an. Um allerdings die Jugend bzw. die politische Haltung der Jugendlichen zu entdecken und jugendliche Funktionäre für die künftige einzige Jugendbewegung zu finden, beließ es die KPD zunächst bei der Gründung von diversen Jugendausschüssen. Somit hatten sie genügend Zeit, um die Durchsetzung einer großen Bewegung zu planen und strukturieren. Die rechtliche Grundlage für die Gründung dieser Einheitsjugendorganisation sicherte der Befehl der SMAD vom 31. Juli 1945, der besagte, dass alle anderen selbstständigen Zusammenschlüsse, gewerkschaftliche und politische Jugendorganisationen verboten werden sollen. Dies beinhaltete zudem Spotvereine. [12]

Schon im September kam es demzufolge zu einem Vorschlag der KPD über einen einheitlichen Jugendausschuss in der SBZ. Es konstituierte sich der Zentrale Antifaschistische Jugendausschuss unter dem Schein der Überparteilichkeit. Ab Dezember 1945 begannen dann die ersten Arbeiten zur Gründung der FDJ begleitend von einer konkreten Forderung zur Gründung der Organisation „Freie Deutsche Jugend", die zunächst allerdings abgelehnt wurde. Es folgte eine Aufforderung der KPD an die deutsche Jugend, sich an die SMAD mit dem Verlangen nach einer einheitlichen Organisation zu wenden. Die KPD und die SPD

[8] Mählert, U. & Stephan, G.R.: Blaue Hemden – Rote Fahnen: Die Geschichte der Freien Deutschen Jugend, Leske + Budrich, Opladen, 1996, S. 13

[9] Ebd. S. 16ff.

[10] Skyba, P.: Vom Hoffnungsträger zum Sicherheitsrisiko – Jugend in der DDR und Jugendpolitik der SED 1949 – 1961, Böhlau Verlag, Köln/Weimar/Wien/Böhlau, 2000, S. 26

[11] Zit. nach Ulbricht, Walter: Rede vor KPD-Funktionären im Juni 1945, in: Skyba, S. 28)

[12] Skyba, S. 29

arbeiteten daraufhin im Januar schon einmal eine Struktur- und Organisationsplanung der neuen Organisation aus. Den Bedenken der Kirchenvertreter, dass sich durch die FDJ eine neue Zwangsjugend entwickeln würde, stand die KPD mit dem Argument, dass die kirchliche Jugendarbeit nicht unter Leitung der FDJ stattfinden musste, gegenüber. So kam es, dass am 26. Februar 1946 „14 Mitglieder des Ausschusses einen an die SMAD gerichteten Antrag zur Lizensierung der FDJ [unterzeichneten]."[13] Die SMAD willigte, trotz anfänglicher Zweifel bzgl. der Führungszuverlässigkeit von KPD und SPD, ein. Somit gilt der 07. März 1946 als Gründungstag der FDJ.[14]

Die FDJ in diesem beschriebenen Sinne existierte seither bis 1990. Nach der Wende existierte die FDJ weiter bis heute. Allerdings ist die Mitgliederzahl sehr gering und die Organisation verlor immer mehr an Bedeutung.[15]

3. FDJ und HJ: ein Vergleich

3.1 Organisation und struktureller Aufbau

Die HJ

Die Hitlerjugend bestand aus einer klaren Struktur, die in der „Zweiten Durchführungsverordnung zum Gesetz über die Hitlerjugend (Jugenddienstverordnung)" vom 25. März 1939 im §1 festgemacht wurde. Somit bestand die Hitlerjugend aus dem „Deutschen Jungvolk" (DJ) für Jungen zwischen 10 und 14 Jahren, dem „Jungmädelbund" (JM) für Mädchen zwischen 10 und 14 Jahren, dem „Bund Deutscher Mädel" (BDM), gegründet 1930, für Mädchen zwischen 14 und 18 Jahren sowie der (eigentlichen) „Hitler-Jugend" (HJ) für Jungen zwischen 14 und 18 Jahren.[16] Mit 18 Jahren erfolgte dann die Übernahme in die NSDAP.

Für die Hitlerjugend bestanden diverse Sonderheiten wie Flieger-HJ, Motor-HJ, Reiter-HJ etc., zum Bund Deutscher Mädel kam 1938 noch das Werk „Glaube und Schönheit" hinzu, zur Erfassung von Frauen im Alter von 17 bis 21.

[13] Skyba, S. 33
[14] Ebd. S. 30ff.
[15] Geschichte der FDJ [URL: http://www.fdj.de/FDJ_Homepage_08/Seiten/Geschichte.html], Stand: 25. Februar 2010
[16] Jahnke, K.H. & Buddrus, M.: Deutsche Jugend 1933 – 1945 – Eine Dokumentation, VSA-Verlag, Hamburg, 1989, S. 160

Die Hitlerjugend (mit dem Jungvolk) sowie der Bund Deutscher Mädel (mit dem Jungmädelbund) besaßen innerlich eine hierarchische Struktur. Dabei unterschied man im JV Jungenschaft, Jungzug, Fähnlein, Stamm und Jungbann; im JM in Jungmädelschaft, Jungmädelschar, Jungmädelgruppe, Jungmädelring und Jungmädeluntergau; im BDM in Mädelschaft, Mädelschar, Mädelgruppe, Mädelring und Untergau und in der HJ in Kameradschaft, Schar, Gefolgschaft, Unterbann und Bann. [17] Durch eine territoriale Gruppenbildung entstanden dann beispielsweise aus drei Jungenschaften ein Jungzug, aus drei Jungzügen ein Fähnlein etc. [18]

Die für Mitglieder erreichbaren Dienstränge wurden nach den jeweiligen Gruppen benannt. So konnte man beispielsweise im BDM Mädelschaftsführerin, Untergauf ührerin o.ä. werden, im JV z.B. Jungenschaftsführer [19]. Der Zeitzeuge Dr. Wolfgang Renner berichtet im Buch „Kinder in Uniform" außerdem, dass sich bestimmte Dienstränge im JV, denen er angehörte, ganz einfach ergaben, „weil die Älteren in die Hitlerjugend kamen, und da mussten dann wieder neue junge Führer ernannt werden"[20]. Man kann demnach in der Hitlerjugend von „Jugend führt Jugend" sprechen, wie auch Adolf Hitler schon proklamierte.

Die FDJ

Die FDJ galt, ähnlich wie die HJ als eine Massenorganisation, d.h. sie erfasste nahezu alle Jugendlichen im Staat.

Die FDJ gliederte sich in die Pionierorganisation Ernst-Thälmann, der Kinder mit der Einschulung vom 6. bis zum 10. Lebensjahr als Jungpionier beitreten konnten. Es folgte eine Aufstufung zu den Thälmann-Pionieren für Kinder vom 10. bis 13. Lebensjahr (Schüler ab der 7. Klasse). Ab einem Alter von 13/14 Jahren (dem Beitritt der 8. Klasse) konnten Jugendliche dann der FDJ beitreten. Die höchste Altersgrenze lag bei 25 Jahren; diese wurde jedoch 1981 aufgehoben. [21]

Auch bei der FDJ gab es eine innere hierarchische Str uktur. Demnach bildete jeweils eine Schulklasse bei der Pionieror ganisation Ernst-Thälmann eine Pioniergruppe, alle Pioniere einer Schule die sogenannte Pionierfreundschaft.

[17] Vgl. Anhang S. 34 aus Koch, S. 400

[18] Renner, Bersch, Pretzsch et al.: Kinder in Uniform – Generationen im Gespräch über Kindheit und Jugend in zwei deutschen Diktaturen, Schulmuseum – Werkstatt für Schulgeschichte Leipzig, Leipzig 2008, S. 85

[19] Vgl. Anhang S. 35, aus Koch, S. 399

[20] Dr. Wolfgang Renner in: Kind er in Uniform, S. 17

[21] Walter, Michael: Die Freie Deutsche Jugend. Ihre Funktionen im politischen System der DDR, Arnold Bergstraesser Institut, Freiburg 1997, S. 24

Geleitet wurde diese Pionierfreundschaft vom Freundschaftsleiter, der zumeist hauptamtlicher Funktionär oder Pädagoge war. Ähnlich war diese Struktur innerhalb der Thälmann-Pioniere und der FDJ, wobei eine Klasse wiederrum eine FDJ-Gruppe bildete. Innerhalb einer Klasse gab es dann jeweils Wahlen für einen Funktionär, der, in Zusammenarbeit mit dem Klassenleiter, die jeweilige Gruppe leitete und die Arbeit innerhalb der Klasse plante und organisierte.[22]

Diese gewählten Gruppenleiter wählten somit wiederrum den Freundschaftsleiter der Schule sowie einen Stellvertreter dessen. Ebenso bekam jede Schule einen hauptamtlichen Pionierleiter von der FDJ gestellt, der die Gruppenleiter in ihrer Arbeit unterstützte. [23]

Zusammenfassender Vergleich

Ähnlich wie bei der HJ erkennt man klar eine altersabhängige innere Struktur der Or ganisation. Unterschiede bringt allerdings das Mitgliedsalter. So konnte man der HJ ab 10 Jahren, der FDJ (genauer gesagt, den Jungpionieren) schon mit sechs Jahren beitreten. Allerdings gab es in der HJ wiederrum sogenannte Kinderscharen, die ebenso schon Kinder unter 10 Jahren erfassten.

Ein wesentlicher Unterschied ist der nun doch demokratische Ansatz in der FDJ bei der Ermittlung der höheren Ämter innerhalb der FDJ. So wurde in der FDJ zumeist gewählt (gelegentlich bestimmt), in der HJ zum gröten Teil bestimmt, bzw. ausgesucht.

Es lässt sich festhalten, dass das Prinzip „Jugend führt Jugend" wohl für beide Organisationen gilt. Zwar wurden in der FDJ den einzelnen Gruppen auch „ältere" Mitglieder überstellt, trotzdem waren allein in den Klassenverbänden die Gruppenleiter zumeist Jugendliche desselben Alters. Dies ließ sich bei der hohen Anzahl der Mitglieder wohl auch nicht vermeiden. Denn wer sollte denn die Vielzahl an Kindern und Jugendlichen führen, wenn nicht sie selbst? Außerdem lassen sich hier ebenso schon klare Tendenzen zukünftiger Parteiführer o.ä. erkennen, auf die später zurückgegriffen werden konnte.

Beide Organisationen galten demnach als Massenorganisation, wobei der Hitlerjugend noch der Titel Staatsjugendorganisation angehaftet werden kann, welcher der FDJ nicht vorauseilt.

[22] Niederdalhoff F.: „Im Sinne des Systems einsetzbereit…" – Mädchenabreit im „Bund Deutscher Mädel" (BDM) und in der „Freien Deutschen Jugend " (FDJ) – Ein Vergleich, LIT Verlag, Münster 1997, S. 68f.

[23] Pionierorganisation Ernst Thälmann [URL: http://www.uniprotokolle.de/Lexikon/Pionierorganisation_Ernst_Th%E4lmann.html], Stand: 2 4. Februar 2010

3.2 Abhängigkeit von der Partei, Nutzen für die Partei

NSDAP und HJ

Die NSDAP wurde am 20. Februar 1920 gegründet und kam aus der am 05. Januar 1919 gegründeten Deutschen Arbeiterpartei (DAP) hervor. Adolf Hitler, welcher am 21. Juli 1921 den Parteivorsitz übernahm, trat dieser schon 1919 bei und verlieh ihr eine zunehmende Popularität mit seinen rednerischen Fähigkeiten. Die wichtigsten ideologischen Grundsätze der Partei waren Antisemitismus und die Idee der Volksgemeinschaft. Sie kämpften gegen die weitreichenden Folgen des Versailler Vertrages und gegen das internationale Judentum.
Die Partei wurde 1923, aufgrund des gescheiterten Putschversuches Hitlers, verboten und 1925 neu gegründet. Seit diesem Ereignis stieg die Mitgliederzahl erheblich an, die NSDAP erzielte sehr gute Wahlergebnisse (was natürlich ebenso auf die erfolgreich betriebene Propaganda zurückzuführen ist) und wurde schließlich am 30.01.1933 mit der Bestimmung Adolf Hitlers zum Reichskanzler zum Instrument der wohl gröten politischen Katastrophe Deutschlands. Mit der unterzeichneten Kapitulation am 08. Mai 1945 wurde die NSDAP für immer verboten und aufgelöst. [24]
Schon vor der Machtergreifung 1933 stieg die Mitgliederzahl auch in der Hitlerjugend an (siehe dazu auch Punkt 3.3). Die Hitlerjugend wurde zwar nicht unmittelbar von der Partei gegründet, dennoch ist eine politische Abhängigkeit dieser von der NSDAP nicht zu leugnen.
Somit zog die NSDAP die Mitglieder der HJ für ihre Zwecke heran; die Erziehung war unmittelbar auf die Ziele der Partei ausgerichtet. Die HJ galt als die „Nachwuchsorganisation der Partei“[25]. Vor allem während des Krieges wurden zunehmend HJ-Mitglieder für den Einsatz im Krieg gebraucht, sie galten als eine Art „Reserve der Partei“[26]. So wurden die Jugendlichen schon in der HJ für den Krieg ausgebildet (mehr dazu im Punkt 3.8) und im Ernstfall im Krieg eingesetzt. Zudem sollten in der HJ natürlich auch zukünftige Mitglieder der NSDAP ausgebildet werden. Die Hoffnung der Nationalsozialisten war weiterhin, dass die Jugend, im Falle einer Niederlage Deutschlands, das nationalsozialistische Gedankengut weiter verbreiten werde, sodass die nationalsozialistische Ideologie weiter leben bzw. überleben würde. Dies konnte im Nachhinein glücklicherweise aber nicht realisiert werden. [27]

[24] Nationalsozialistische Deutsche Arbeiterpartei (NSDAP) 1933-1945
[URL: http://www.dhm.de/lemo/html/nazi/innenpolitik/nsdap/index.html], Stand: 24. Februar 2010
[25] Peter, C.: Die Hitlerjugend und die Freie Deutsche Jugend – zwei deutsche Staatsjugend organisa tionen im Vergleich, Grin - Verlag für Akademische Texte, Luzern, 2008, S. 8
[26] vgl. Ebd.
[27] Peter, S. 8f.

Trotz alledem: innerhalb der Zeit des Nationalsozialismus hatte vor allem die Jugend die Auf gabe, nationalsozialistisches Gedankengut weiterzugeben, zu befürworten und zu verbreiten.

SED und FDJ

Die Sozialistische Einheitspartei Deutschlands (SED) kam aus dem Zusammenschluss von KPD und SPD am 21./22. April 1946 in der Sowjetischen Besatzungszone (SBZ) zustande und hatte somit schon von Anfang an einen stark kommunistischen Charakter. Schon zu Gründungszeiten der DDR hatte die SED die Vor machtstellung und übte während der DDR-Zeit informell eine politische Diktatur aus. Schon hier lassen sich Parallelen zur Zeit des Nationalsozialismus aufstellen. Beide Systeme unterlagen einer Diktatur, auch wenn diese in der Zeit der DDR nicht offiziell anerkannt wurde, sondern „nur" von den Menschen empfunden wurde und auch heute noch als eine Art der Diktatur angesehen wird. Die SED war hierarchisch aufgebaut und folgte dem Prinzip des „demokratischen Zentralismus". Das wohl bekannteste Mitglied der Partei war der Generalsekretär des Zentralkomitees (ZK – die „politische Elite der DDR") Erich Honecker, der Walter Ulbricht 1971 ablöste und im Oktober 1975 ebenso den Vorsitz im Staatsrat aufnahm. [28]
Schon am Gründungstag wird die SED als eine Partei der Jugend proklamiert. Es wird verdeutlicht, dass die SED „die Interessen der Jugend in Schule, Beruf und im öffentlichen Leben vertritt."[29] In den 80er Jahren kamen neue Reformen der UdSSR auf, die die SED allerdings verweigerte. Erst zur Wende 1989 nannte sich die SED schließlich in PDS um und heißt seit 2005 „Die Linkspartei" bzw. „Die Linke". [30]
Ähnlich wie bei der HJ wurden die Jugendlichen in der FDJ dafür gebraucht, neue junge Menschen heranzubilden, die später zur „Schaffung der Grundlagen des Sozialismus und zur Verteidigung des Friedens […]" [31] dienen sollten. Dazu wurde ein 3-monatiger Kurs für 18-25 Jährige Mitglieder der FDJ eingeführt, die sie in körperlicher Ertüchtigung ausbilden sollte.
Im Jahre 1962 wurde die Wehrpflicht eingeführt (mehr dazu im Punkt 3.8) „Die Freie Deutsche Jugend ist der sozialistische Jugendverband der Deutschen Demokratischen Republik. Die Sozialistische Einheitspartei Deutschlands unterstützt die Freie Deutsche

[28] Sozialistische Einheitspartei Deutschlands (SED)
[URL: http://www1.bpb.de/popup /popup_lemmata.html?guid=63EM1E], Stand: 24.02.2010
[29] Arlt, Auerbach et al.: Geschichte der Freien Deutschen Jugend – Chronik, Verlag Neues Leben Berlin, 2. Auflage, Berlin, 1978, S. 18
[30] Sozialistische Einheitspartei Deutschlands (SED)
[URL: http://www1.bpb.de/popup /popup_lemmata.html?guid=63EM1E], Stand: 24.02.2010
[31] Zit. nach Honecker, Erich in: Skyba, S. 196

Jugend als aktiven Helfer und Kampfreserve der Partei.“ [32] Die Jugendlichen dienten demnach vor allem als eine Art Kader.

Zusammenfassender Vergleich

Im Vergleich lässt sich festhalten, dass beide Organisationen klar von der Partei abhängig waren. Dies geschah vor allem im politischen Sinne. Natürlich kann man die Parteien inhaltlich nicht ver gleichen, aber die Ziele hinsichtlich der Jugend, die die Parteien verfolgten, waren nahezu die gleichen: die Bildung neuer Parteigröen und der Missbrauch der Jugendlichen zu wehrtüchtigen Menschen: Eine Parallele, die wohl als eine der wichtigsten im Vergleich der beiden Jugendorganisationen gilt. Ebenso werden Parallelen in der Umsetzung dieser Ziele auftreten, welche in den nachfolgenden Punkten noch genauer erklärt werden.

3.3 Mitgliedschaft

Die HJ

Die Hitlerjugend als freiwillige Organisation, der Jugendliche beitreten konnten, existierte in dem Sinne nur von 1926 (seit der Gründung) bis zur Einführung zweier Gesetze. Zum einen war dies das „Gesetz über die Hitler -Jugend“ vom 01. Dezember 1936, zum anderen die „Jugenddienstverordnung“ vom 25. März 1939, die die Mitgliedschaft zur Pflicht machten. [33] So steht beispielsweise in der Jugenddienstveror dnung: „Alle Jugendlichen sind bis zum 15. März des Kalenderjahres, in dem sie das 10. Lebensjahr vollenden, bei dem zuständigen HJ-Führer zur Aufnahme in die Hitlerjugend anzumelden.“ [34] Jugendliche, die den Dienst in der HJ verweigern oder Eltern, die Jugendliche von der HJ abhalten, sollten mit Geldstrafen bis zu 150 Reichsmark oder einer Haftstrafe bestraft werden. Mit diesen Gesetzen ist somit auch der ständige Zuwachs an Mitgliedern in der HJ begründet. Auch Zeitzeugen berichten, dass so gut wie alle Jugendlichen in der HJ tätig waren. So sagt beispielsweise Dr. Wolfgang Renner im Buch „Kinder in Uniform“: „Ich kann mich nicht entsinnen, dass einer aus der Klasse

[32] Walter, S. 24
[33] Krajewski, André: Hitlerjugend – HJ [URL: http://www.shoa.de/drittes-reich/herrschaftsinstrument-staat/151.html], Stand: 25. Februar 2010
[34] Jahnke, Bud drus, S. 162

nicht in das Jungvolk gegangen ist.[35] Auch andere Zeitzeugen kannten kaum Kinder bzw. Jugendliche, die sich nicht aktiv in der HJ beteiligten.
Aber auch vor den offiziellen Gesetzen, die den Beitritt zur Pflicht machten, wuchs die Mitgliederzahl beträchtlich an. Dr. Wolfgang Renner begründet dies mit den Worten: „Plötzlich dieses Gemeinschaftsgefühl!“[36] Die Hitlerjugend war eine Gemeinschaft für Jugendliche, dort war jeder gleich, jeder musste gewisse Aufgaben (Dienste) erfüllen, jeder war ein Teil der Gemeinschaft. Somit ist ebenso der Zuwachs an Mitgliedern vor 1936 begründet, welcher in Tabelle „Entwicklung der Zahl der HJ-Mitglieder im Verhältnis zur Zahl der männlichen und weiblichen Jugendlichen 1932-1939“ im Anhang S. 36 zu sehen ist.
Dr. Wolfgang Renner kann sich ebenso noch genau an die Aufnahme im Jungvolk erinnern.
So berichtet er, dass es einen Ausweis und einen Zuteilungsschein gab, mit welchem man dann im „Braunen Laden“ die Uniform verbilligt kaufen konnte. Ebenso mussten die Kinder eine Probe bestehen, die sogenannte „Pimpfenprobe“, in welcher Hitlers Biographie gekannt werden musste und gewisse Kampflieder gesungen wurden. Weiterhin musste beispielsweise eine Pflichtwanderung mit Tornister [37], Marschutensilien u.s.w. gemacht werden. [38]
Außerdem gab es für jeden neuen Pimpf eine Art Aufnahmefeier, indem der Reichsjugendführer Baldur von Schirach von der Marienburg [39] aus folgende Formel über das Radio verlauten ließ, die die Kinder nachzusprechen hatten: „Ich verspreche, in der Hitlerjugend allzeit meine Pflicht zu tun in Liebe und Treue zum Führer und unserer Fahne, so wahr mir Gott helfe.“ Nach diesem Versprechen erhielt jeder Pimpf seine Aufnahmeurkunde auf einer der im ganzen Reich stattfindenden Feiern. [40]
Ein Übertritt in die HJ erfolgte mit dem 14. Lebensjahr, laut Zeitzeugenberichten, so gut wie automatisch. Einige berichten von Aufnahmefeiern, die aber weniger erwähnenswert sein sollen.

Die FDJ

Die Mitgliedschaft in der FDJ war, im Gegensatz zur Hitlerjugend, formal gesehen freiwillig. Allerdings hatte die Mitgliedschaft viele Vorteile, so z.B. beim Wettbewerb um Studienplätze, auf die später noch einmal genauer eingegangen werden soll.

[35] Renner, Wo lfgang in: Kinder in Uniform, S. 16
[36] vgl. Ebd.
[37] veralt. für Ranzen oder Rucksack
[38] Renner, Wo lfgang in: Kinder in Uniform, S. 17
[39] Deutsche Ordensburg in Polen
[40] Gamm, Hans-Joachim: Führung und Verführung. Pädagogik des Nationalsozialismus, 3. Auflage, Paul List Verlag, München 1990, S. 337

Allgemein ist vorweg nur schon einmal zu sagen, dass man mit der Mitgliedschaft in der FDJ viele Privilegien, vor allem in Hinsicht auf die schulische Laufbahn genoss.
Trotz der formell freiwilligen Mitgliedschaft gab es im Laufe der Zeit ein erhebliches Mitgliederwachstum, welches vor allem auf die schon angesprochenen Vorteile zurückzuführen ist. So sagt beispielsweise Hans-Ulrich Ziegler zu den Gründen seines Eintritts: „Ja, aus Karrieregründen mitgemacht […]“ [41]. Ein weiteres Motiv war wohl, dass so gut wie alle Kinder in die FDJ (bzw. die Organisation Ernst Thälmann) aufgenommen wurde. Der Zeitzeuge Michael Erler sagt dazu: „Warum? Weil alle Pioniere wurden. Mein Bruder war ein Pionier, also wollte ich auch einer werden, und da auch alle in meiner Klasse zu den Pionieren gingen, stellte sich mir nie diese Frage. Ich wollte einfach dazugehören.“ [42] So lässt sich wohl ebenso der Zuwachs innerhalb der Jahre erklären. Schon im Jahre 1946 hatte die FDJ einen Mitgliederzuwachs zu verzeichnen, der enorm schien. Allein Im Juli 1946 traten ca. 50.000 Kinder und Jugendliche der FDJ bei, die Mitgliederzahl stieg im restlichen Verlauf des Jahres von rund 300.000 auf knapp 400.000. In den Jahren 1947 und 1948 verlief der Zuwachs eher mäig, Ende des Jahres 1948 kam die FDJ auf nur etwas über 450.000 Mitglieder. 1949 folgte ein weiterer drastischer Anstieg von mehr als der doppelten Mitgliederzahl. Im November 1949 hatte die FDJ somit ca. 950.000 Mitglieder zu verzeichnen.[43]
Die Übertritte in die einzelnen Pionierorganisationen fanden jeweils sehr feierlich statt. So folgte bei der Übernahme in die eigentliche FDJ eine Feier, die meist an einer Gedenkstätte o.ä. stattfand, an der die Jugendlichen dann auch ihr Mitgliedsbuch überreicht bekamen.[44] Laut dem Zeitzeugen Hans-Ulrich-Ziegler fand gleichermaßen auch ein Fahnenappell statt, bei dem die Jugendlichen im Blauhemd erscheinen mussten [45]. Allerdings hat sich von Ort zu Ort wohl unterschieden. Der ehemalige Pionier Michael Erler kann sich noch sehr gut an die Aufnahme in die Pionierorganisation erinnern. Er berichtet von einer feierlichen Aufnahme in der Schule, genauergesagt dem feierlich geschmückten Klassenraum. Die zukünftigen Pioniere mussten in der Mitte des Raumes Platz nehmen, die Eltern und Angehörigen standen ihnen im Rücken. Nach der Ansprache von Direktor und Pionierleiterin wurden die Gebote der Jungpioniere vorgelesen und erklärt, welche dann von den Kindern nachgesprochen werden mussten. In Fünfergruppen ging es dann nach vorn, wo das Pionierversprechen

[41] Ziegler, Hans-Ulrich in: Kinder in Uniform, S. 175
[42] Erler, Michael in: Kinder in Uniform, S. 182
[43] Vgl. Anhang S.37, aus Mählert, S. 37 6
[44] Niederaldhoff, S. 89
[45] Ziegler, Hans-Ulrich in: Kinder in Uniform, S. 175

abgelegt werden musste. Es folgte die Übergabe von Pionierausweis und blauem Halstuch. Danach fand ein Lampionumzug mit Musikkapelle statt. [46]

Zusammenfassender Vergleich

Der grundlegende Unterschied im Punkt der Mitgliedschaft liegt darin, dass die Mitgliedschaft in der HJ (anf angs zwar freiwillig) durch Gesetze geregelt wurde, dem sich kein Kind bzw. Jugendlicher zu wiedersetzen hatte. Wer nicht in die HJ eintrat, musste mit Strafen rechnen. Bei der FDJ war die Mitgliedschaft formell gesehen freiwillig, aber auch hier galten gewissermaßen Strafen bei Nichteintritt, im Sinne von schlechteren Bedingungen zur Gestaltung der schulischen Laufbahn. Ich denke, man kann hierbei den Begriff Strafe verwenden.
Gemeinsam sind allerdings die Gründe von Kindern und Jugendlichen, warum sie der Or ganisation (zu Zeiten, als die HJ noch nicht rechtlich verbindlich für Kinder und Jugendliche war) eintraten. Hierbei spielt der Begriff des „Gemeinschaftsgefühls" eine wesentliche Rolle. „Jeder tritt ein, warum ich dann nicht?" stellten sich wohl viele Kinder und Jugendlichen die Frage. Man wollte dazugehören, mit Gleichaltrigen etwas erleben, ein Gefühl der Gemeinschaft erleben. Allerdings nehme ich an, dass auch einige Kinder gar nicht so begeistert davon waren, sondern eben „nur" aus dem Gefühl der Zugehörigkeit mitgemacht haben. Heute würde man dies wohl mit dem Begriff des Gruppenzwanges kennzeichnen. Weiterhin boten beide Organisationen viele attraktive Sport- und Freizeitangebote, die wohl die meisten Jugendlichen nicht entgehen lassen wollten. (mehr dazu im Punkt 3.7)
Aufnahmefeiern und Aufnahmeproben (sei es das Lernen der Biographie Adolf Hitlers oder (bei der FDJ) das Lernen von Geboten etc.) gab es bei beiden Organisationen. Die Aufnahme sollte natürlich so feierlich wie möglich abgehalten werden, um den Kindern und Jugendlichen ein gutes Gefühl zu vermitteln: „Ja, das was du hier machst, ist richtig.". Die Kinder wurden durch die Aufnahme nochmals bestärkt und vor allem das Motiv „Stolz" hoch geschätzt. Denn war nicht jedes Kind stolz endlich dazu zu gehören, endlich die Uniform tragen zu dürfen?

[46] Erler, Michael in: Kinder in Uniform, S. 183

3.4 Gleichschaltung der Jugend

Die HJ

Mit dem „Gesetz über die Hitlerjugend“ vom 01. Dezember 1936 wurde die deutsche Jugend offiziell gleichgeschaltet. So hieß es beispielsweise im §1 dieses Gesetzes: „Die gesamte deutsche Jugend innerhalb des Reichsgebietes ist in der Hitlerjugend zusammengefaßt.“[47] Die Hitlerjugend wurde somit zur Staatsjugend erklärt. Schon vorher existierten solche Gesetze, sie wurden allerdings 1936 erstmals verschriftlicht und vor allem verbindlich. Die Eingliederung kirchlicher Verbände fiel anfangs jedoch schwer, war allerdings (zumindest auf Seiten der evangelischen Jugend) schon vor 1936 mit einem Abkommen über die „Eingliederung der evangelischen Jugend in die HJ“ geregelt worden.[48] Die vor allem in Regionen Bayerns situierte katholische Jugend fasste dieses Abkommen jedoch nicht. [49]
Das äußere Zeichen dieser Gleichschaltung der Jugendlichen war die wohl übliche Uniform, die schon vor der Machtergreifung 1933 üblich war. Diese waren in sogenannten „Braunen Läden“ erhältlich. Die Uniform musste, laut Zeitzeugenberichten, immer bei besonderen Anlässen und zum Dienst der HJ getragen werden, allerdings nicht in der Schule. So antwortet der ehemalige Hitlerjunge Helmut Pretzsch beispielsweise auf die Frage, zu welchen Anlässen die Uniform getragen wurde, mit: „Oh… zu besonderen Anlässen und Feierlichkeiten. Also zur Jugendweihe auf jeden Fall! Und zum 1. Mai sicher. Und regelmäßig zum Dienst, Mittwoch und Samstagnachmittag.“[50] Die Uniform bestand aus Braunhemd (beim BDM: weiße Bluse), Käppi[51], schwarzem Halstuch mit Lederknoten, Koppel, kurzer Hose (beim BDM: blauer Rock), schwarzen Strümpfen und Schuhen (im Winter gab es dazu noch Überfallhosen und Bundjacken).[52] Die Uniform der Hitlerjugend unterschied sich von der des Jungvolks nur im Zeichen, welches auf der Armbinde zu sehen war. In der HJ enthielt diese das Hakenkreuz, im JV die weiße Rune. Eine Abbildung zur Uniform der Hitlerjugend findet sich im Anhang auf Seite 38.

[47] Jahnke/Buddrus, S. 121
[48] Krajewski, André: Hitlerjugend – HJ [URL: http://www.shoa.de/drittes-reich/herrschaftsinstrument-staat/151.html], Stand: 25. Februar 2010
[49] Sauerwein, Teresa: Hitlerjugend (HJ), 1926-1945, in: Historisches Lexikon Bayerns
[50] Pretzsch, Helmut in: Kind er in Uniform, S. 89
[51] Sommermütze mit Ziernaht in verschiedenen Farben, die die Mitgliedschaft in diversen Sondereinheiten kennzeichneten
[52] Plath, Werner in: Kinder in Uniform, S. 50

Die FDJ

Im Jahre 1947 wandelte sich die offizielle Haltung der FDJ bzgl. der vorangegangenen proklamierten Überparteilichkeit grundlegend. So wurde in einer Tagung des SED-Parteivorstandes klar definiert, dass die FDJ klare kommunistische Ziele hat und antisowjetische Haltungen mit ihrer Arbeit bekämpft werden sollen. Man zielte damit auf die Unterordnung der FDJ unter die SED.Nach zahlreichen misslungenen Versuchen der CDUD und der LDPD, neue Jugendorganisationen zu gründen und zuzulassen, wurde auch 1948 die einzige bis dahin zugelassene Jugendorganisation in Grenzgebiet zu Polen offiziell in die FDJ eingegliedert. Einzig die kirchlichen Jugendverbände genossen noch die existenziellen Rechte, solange diese allerdings keine festen organisatorischen Formen annahmen.[54]

Die äußere Gleichschaltung der Jugendlichen erfolgte wiederum mit Uniformen. Jungpioniere trugen dabei eine weiße Bluse bzw. ein weißes Hemd mit blauem Halstuch. Ein roter Balken auf dem linken Ärmel verriet dabei die Stellung als Gruppenratsleiter oder Pionierleiter. Weiterhin wurde auf dem linken Ärmel das Emblem der Jungpioniere genäht („JP" mit einer rot-gelben Flamme). Die Mädchen erhielten dazu einen blauen Rock. Bis 1973 trugen die Thälmannpioniere ebenso ein blaues Halstuch, welches dann in ein rotes Halstuch umgetauscht wurde. Die rote Farbe symbolisierte dabei die Arbeiterklasse, da es an dessen Fahne erinnern sollte. Beim Übertritt in die FDJ erhielt jeder Jugendliche das sogenannte „Blauhemd", welches auf dem linken Ärmel eine aufgehende Sonne enthielt. [55] Ein Bild dieser Kleidung findet sich im Anhang auf Seite 39. Brigitte Pretzsch kann sich noch genau erinnern, wann die Uniform getragen werden musste: „auf alle Fälle der Schulanfang, der Pioniergeburtstag und der Schuljahresabschluss. [...] Bei den FDJlern waren es Schuljahresbeginn und –ende, der FDJ-Geburtstag, der 7. März und bei den Prüfungen der Klasse 10."[56]

[53] Skyba, S. 48

[54] Ebd. S. 55f.

[55] Sammlung Alltagskultur II [URL: http://www.dhm.de/sammlungen/alltag2/textilien/fdj.html], Stand: 01.03.2010

[56] Pretzsch, Brigitte in: Kinder in Uniform, S. 210

Zusammenfassender Vergleich

In diesem Punkt der Gleichschaltung gibt es zwischen den zwei Jugendorganisationen eindeutige Parallelen. Zum einen erfolgte eine Gleichschaltung der Organisationen an sich, was bedeutete, dass es letztendlich nur noch diese eine Organisation gab. In der HJ wurde dies schon zu Anfang mit einem Gesetz festgemacht, in der FDJ benötigte die SED ein paar Jahre, um die Einheitsjugendorganisation durchzusetzen. Der Punkt, dass kirchliche Or ganisationen weitestgehend selbstständig existieren durften stellt sich als besonders interessant dar. Scheinbar ist der Respekt vor der Kirche in all den Jahren doch so hoch geblieben, dass man sich einfach nicht traute, den Glauben einzelner Menschen insofern zu zerstören, dass sie einer Organisation, die mit Kirche nichts zu tun hatte, eintreten mussten. Schließlich mischte sich die Kirche ja auch nicht in die Politik ein.
Zum anderen sieht man weitere Gemeinsamkeiten in der Uniform. Beide Organisationen verstanden es, die Jugendlichen äußerlich durch die Uniform gleichzuschalten, sodass jedes Mitglied als gleich dem Anderen gilt. Michael Erler bezog sich mit folgendem Zitat zwar auf die Erziehung von Nationalsozialismus und DDR, allerdings denke ich, dass dies sich auch auf die Uniformierung und Gleichschaltung anzuwenden lässt: „Für mich ist das eigentlich dasselbe, nur mit anderen Farben."[57] Auch das Tragen der Uniform nur zu besonderen Anlässen stellt eine Parallele zwischen den Organisationen dar. Ich denke, dass die Uniform einfach etwas besonderes sein sollte, an der sich die Kinder und Jugendlichen erfreuen sollten, sie sollten sich freuen sie zu tragen. Von daher wäre ein tägliches Tragen der Uniform unsinnig gewesen.

3.5 Aufgabe, Ziele, Inhalte und Weltanschauung

Die HJ

Die zentralen Begriffe, die bei der nationalsozialistischen Erziehung eine große Rolle spielten waren „Rasse, Gemeinschaft und Führer". Und genau nach diesen Begriffen, die im Groben auch die nationalsozialistische Ideologie auf den Punkt bringen, wurden die Jugendlichen in der Hitlerjugend geschult und erzogen. Mit der Hitlerjugend sollten andere Erziehungsinstitutionen, wie Elternhaus oder Schule gewissermaßen stumm- bzw. ausgeschalten werden, die Hitlerjugend sollte somit hauptverantwortlich für die Erziehung

[57] Erler, Michael in: Kinder in Uniform, S. 193

werden. Adolf Hitler sagte dazu schon in „Mein Kampf", dass „die Erziehung der deutschen Menschen zur nationalsozialistischen Staatsauffassung zu den wichtigsten Aufgaben der Gegenwart gehört."[58] Somit wird ebenso der politische Charakter der Erziehung deutlich: Die Erziehung diente der Etablierung und Sicherung der Macht der NSDAP. [59]
Diese Macht konnte nur durch spätere gut entwickelte Parteimitglieder erhalten werden, somit wollten die Nationalsozialisten „sportlich trainierte, wehrtüchtige, kampffreudige, blindgehorsame, fanatische, nationalsozialistisch denkende junge Deutsche" [60] schaffen. Oder, wie Adolf Hitler schon sagte: Die optimalen Jugendlichen sollen hart wie Kruppstahl, zäh wie Leder und flink wie die Windhunde sein. Somit wurden nicht nur politische und ideologische Inhalte vermittelt, sondern ebenso körperliche Ertüchtigung (beim BDM auch hauswirtschaftliche Dinge, die die weiblichen Jugendlichen auf die zukünftige Mutterrolle vorbereiten sollten).[61]

Die FDJ

Wesentliche Grundlage der Jugenderziehung in der FDJ bildeten die „Aussagen der Klassiker des Marxismus-Leninismus zur Rolle der Jugend beim Aufbau der kommunistischen Gesellschaft."[62] Das heißt, die gesamte Politik der damaligen DDR beruhte auf der marxistisch-leninistischen Weltanschauung. Schon die Kinder sollten früh in das sozialistische System eingeführt werden, da sie schließlich später den Sozialismus fortführen sollten. Somit ergaben sich auch die politischen Unterweisungen in den Treffen der FDJ, denn die Aufgabe der Jugendpolitik der DDR war es: „alle jungen Menschen zu Staatsbürgern zu erziehen, die den Ideen des Sozialismus treu ergeben sind [...]" [63] Die Jugend sollte demnach ganz im Dienste des Sozialismus stehen.
Ein Beispiel für die schon sehr frühe Heranführung an dieses Thema ist, dass Kinder schon im Kindergarten zum Gründungstag der DDR kleine Fähnchen bastelten, sozialistische Lieder sangen etc. Die FDJ wurde dritte Erziehungsinstanz neben Eltern und Schule und weist einen klaren politischen Charakter auf. [64]

[58] Zit. nach Adolf Hitler: Mein Kampf, München 1933 in: Niederdalhoff, S. 33
[59] Niederaldhoff, S. 33
[60] Hitler-Jugend [URL:http://wissen.de/wde/generator/wissen/ressorts/geschichte/index,page=1122982.html], Stand: 20.02.2010
[61] Sauerwein, Teresa: Hitlerjugend (HJ), 1926-1945, in: Historisches Lexikon Bayerns
[62] Walter, S. 23
[63] Niederaldhoff, S. 75
[64] Ebd. S. 76

Zusammenfassender Vergleich

Die inhaltlichen Ideen der beiden Generationen unterscheiden sich natürlich grundlegend. Wenn es im Nationalsozialismus klare Vorstellungen über den deutschen Jugendlichen gab (z.B. rassenrein, körperlich fit etc.), so gab es in der Zeit der DDR „nur“ eine Vorstellung des Jugendlichen, die sich dem Sozialismus verschreiben sollten. Kurz: die Nationalsozialisten wollten einen nach ihrem Vorbild und Körperbau erzogenen Deutschen, das DDR-Regime nur einen Jugendlichen, der sich im Sinne des Sozialismus benimmt. In beiden System wurden den Jugendlichen allerdings die Ideologien gewissermaßen aufgezwungen, sei es durch das Singen nationalsozialistischer bzw. sozialistischer Lieder oder durch die schon sehr früh begonnene politische Unterweisung. Nur wenige widersetzten sich diesen Normen bzw. Vor gaben, was schließlich bei der HJ auch kaum möglich war (siehe dazu die erläuterten Gesetze in Punkt 3.3), bei der FDJ einfach eine Selbstverständlichkeit war.

3.6 Jugendorganisation und Schule

Die HJ

Im Jahre 1934 f and ein entscheidender Eingang der HJ in die Schule statt. In diesem Jahr wurde der Samstag zum „Staatsjugendtag“ erklärt, was bedeutete, dass Mitglieder der HJ schulfrei bekamen. Sie sollten sich in dieser schulfreien Zeit ganz den Aktivitäten der HJ widmen, was sich auch an den Diensten der HJ (die ebenso samstags stattfanden) erkennen lässt. Nicht-Mitglieder mussten an diesen Samstagen nicht nur einfach zur Schule, sondern belegten ebenso einen Kurs in nationalsozialistischer Unterweisung. Natürlich brachte diese Befreiung von der Schule auch gewisse Konflikte mit sich, vor allem in Bereichen wie Hausaufgabenbefreiung oder allgemeine Unterrichtsbefreiung für HJ-Mitglieder, die anstatt zur Schule zu gehen, lieber zu NSDAP-Veranstaltungen gehen sollten. [65]
In Unterrichtsinhalten wurden vor allem der Geschichts- und Deutschunterricht auf die nationalsozialistische Ideologie angepasst, „mit dem Ziel, das „völkische Bewußtsein“ zu fördern.“[66]

[65] Niederaldhoff, S. 33
[66] Ebd. S. 34

Neben der „normalen" Volksschule gab es weiterhin Arten von Schule, die direkt von den Nationalsozialisten gegründet wurden, um den politischen Nachwuchs zu sichern. Hierbei handelt es sich um sogenannte Nationalpolitische Erziehungsanstalten – NAPOLA - (die hauptsächlich für männliche Jugendliche vorgesehen waren; nur zwei von 42 errichteten Schulen waren für Mädchen bestimmt[67]) und die Adolf-Hitler-Schulen, in denen politische Erziehung sowie körperlicher Ertüchtigung im Vordergrund stand. [68]
Schüler, die ihren Abschluss an der Volksschule erreichten, hatten danach die Möglichkeit, eine Handelsschulausbildung oder eine handwerkliche Lehre zu beginnen, Schüler der NAPOLA oder der Adolf-Hitler-Schulen konnten bei erfolgreichem Abschluss studieren. Eine genaue Gliederung der Schulzeit Jugendlicher in dieser Zeit findet sich im Anhang auf Seite 40.
Weiterhin hatten Lehrer die Pflicht, aufklärend und werbend über die Hitlerjugend in der Schule zu sprechen. Es mussten Werbeplakate und Darstellungen der HJ aufgehangen werden und Elternabende durchgeführt werden, bei denen „eindrücklichst für die notwendige nationale Einheit der deutschen Jugend geworben wird.[69] Die Nationalsozialisten griffen natürlich auch in den vorgesehenen Lehrstoff in Schulen ein. So wurde z.B. sehr viel Wert auf Sport gelegt. Eine „ausformulierte Beurteilung der turnerischen Leistungen in jedem Halbjahreszeugnis sowie die Einführung eines eigenen Turnzeugnisses im Abitur[70]" sind dabei nur zwei Beispiele. Ebenso wurde viel Wert auf die Rassenlehre gelegt und vor allem (wie oben schon erwähnt) großer Wert auf das völkische Bewusstsein.

Die FDJ

Das Pionierleben in der FDJ vermischte sich weitgehend mit dem Schulleben, da vor allem Lehrer und Freundschaftsleiter die Organisation und Gestaltung der Aktivitäten in der FDJ vornahmen.[71] „Die Schulen in der DDR wurden zum Träger der sozialistischen Erziehung umgestaltet."[72], welche durch das 1956 erschienene Gesetz über das „einheitliche sozialistische Bildungssystem" nochmals deutlich wurde. Somit war das Schulsystem nun gegliedert in die 10-jährige Polytechnische Oberschule (POS) und die weiterführende mit dem

[67] Ebd. S. 35
[68] Krajewski, André: Hitlerjugend – HJ [URL: http://www.shoa.de/drittes-reich/herrschaftsinstrument-staat/151.html], Stand: 25. Februar 2010
[69] Klönne, Arno: Jugend im Dritten Reich. Die Hitler-Jugend und ihre Gegner – Dokumente und Analysen, Eugen Diederichs Verlag, Köln 1982, S. 52
[70] Bersch, Hans-Jürgen in: Kinder in Uniform, S. 78
[71] Niederaldhoff, S. 78
[72] Ebd., S. 77

Abitur verbundene Erweiterte Oberschule (EOS). Die Vermittlung von politisch-ideologischen Inhalten im Staatsbürgerkundeunterricht und die polytechnische Ausbildung waren wohl die entscheidendsten Prägungen der Jugend. Diese Inhalte bekamen sie schließlich ebenso nochmals in den Veranstaltungen der FDJ erklärt. Weiterhin führte man in den Klassen 9 und 10 den Wehrkundeunterricht ein, welcher in Zusammenarbeit mit der FDJ und der NVA verlief.[73]

Doch nicht nur inhaltlich war die FDJ in die Schule integriert. Auch beim Wettbewerb um Studienplätze beispielsweise brachte die Mitgliedschaft in der FDJ Vorteile. So wurde das „Abzeichen für gutes Wissen", welches im FDJ Studienjahr erworben werden konnte (siehe dazu auch Punkt 3.7) als erheblicher Vorteil anerkannt. [74] Der Zeitzeuge Reinhard Roeser, der sich nicht der FDJ angeschlossen hatte, berichtet zudem: „Was mir allerdings verwehrt wurde, war dann der Besuch der Erweiterten Oberschule. Das Abitur durfte ich nicht machen." [75] Verdeutlicht wird die Verknüpfung zwischen FDJ und Schule auch durch Bezeichnungen wie „Das erste Schuljahr der FDJ" 1950. Alle Mitglieder der FDJ mussten in diesem Jahr schon die Biogr aphien Stalins und Piecks [76] studieren und die Geschichte der Sowjetunion erklären. Zudem wurde viel Wert auf Sport gelegt. Dies belegt unter anderem das 1. Jugendgesetz der DDR vom 08. Februar 1950, in dem von der SED beispielsweise gefordert wurde, dass jeder Jugendliche ein Sportleistungsabzeichen der DDR schaffen musste und die Produktion an Sportgeräten, Sportkleidung etc. erhöht werden soll. Weiterhin sollten sehr viele Bauten für den Sport errichtet werden, neue Jugendherbergen etc. [77]

Zusammenfassender Vergleich

Im Bereich der Verknüpfung von Jugendorganisation und Schule sind weitere Gemeinsamkeiten von HJ und FDJ klar ersichtlich. Beide Parteien griffen in die Lehrinhalte, den Unterricht etc. ein, sodass eine von Politik und Staat unabhängige Schulung der Jugendlichen nicht möglich war. Vor allem die Politik wurde zu beiden Zeiten sehr hoch angesehen und war der wichtigste Inhalt schulischen Unterrichts, den die Kinder und Jugendlichen erlernen sollten. Aber auch der Sport wurde bei beiden Organisationen und auch in der Schule sehr hoch angesetzt. Ein Beispiel ist das Leistungsabzeichen der DDR sowie das Turnzeugnis im Nationalsozialismus, welches beide herausragende Leistungen beurkunden

[73] vgl. Ebd.
[74] Ebd. S. 90
[75] Roeser, Reinhard in: Kinder in Uniform, S. 316
[76] Wilhelm Pieck war Mitbegründer KPD und von 1949 bis 1960 Präsident der DDR
[77] Mählert/Stephan, S. 85

sollten und damit später einen besseren Blick auf die Jugendlichen hinsichtlich ihrer Wehrtauglichkeit gab. Ebenso ist die Förderung von Schülern nur wirklich möglich gewesen, wenn man den Organisationen angehörte. So hatten nur Mitglieder der HJ die Möglichkeit auf höhere Schulen zu kommen, beispielsweise die NAPOLA oder die Adolf-Hitler-Schulen, um sich so zu verwirklichen, wenn auch in einem vom Staat vorgeschriebenen nationalsozialistischen Sinn. In der FDJ war dies schließlich ähnlich, es gab Bevorzugungen bei der Vergabe von Studienplätzen und auch allgemein war wohl eine erfolgreiche schulische Laufbahn ohne Mitgliedschaft in der FDJ kaum möglich. Gerade durch die enge Verknüpfung der Organisationen mit der Schule fiel es Nicht-Mitgliedern sicher nicht leicht, überhaupt eine gute schulische Laufbahn zu absolvieren.
Einen interessanten Vergleich stellen ebenso zwei Abbildungen aus jeweiligen Lehrbüchern der Zeit dar. Es ist faszinierend, wie ähnlich diese sich doch sein können (siehe dazu Anhang, S. 41) Ebenso wurden, wie schon erwähnt, in der Zeit der Hitlerjugend Propagandaplakate in der Schule aufgehangen. Zum weiteren Ver gleich und Verdeutlichung der Gemeinsamkeiten möchte ich auf zwei Plakate im Anhang auf S. 41 verweisen.

3.7 Aktivitäten in den Organisationen

Die HJ

Die Aktivitäten in der HJ kann man grob genommen als HJ-Dienst bezeichnen, auch wenn sich die Jugendlichen außerhalb der Dienstzeiten ebenso mit der HJ und deren Inhalten beschäftigten. Der HJ-Dienst fand zweimal wöchentlich jeweils mittwochs und samstags statt.
Den sogenannten Heimabenden kommt dabei eine wichtige Rolle zu. Er fand, wie der Name schon sagt, in eigens errichteten Heimen statt. Ein wichtiger Punkt an diesen Abenden war das Singen von Liedern, vor allem Kriegslieder und Lieder von nationalsozialistischen Liedermachern bzw. –schreibern. Zu Anfang, ca. 1933/34, half der Reichsrundfunk weiterhin mit der weltanschaulichen Schulung, indem dieser 14tägig mittwochs „Die Stunde der jungen Nation“ sendete.[78] Der Zeitzeuge Hans-Jür gen Bersch schreibt weiterhin: „Vorr angige Auf gabe aller Heimabende war es, Kameradschaft zu pflegen und an die Jugendlichen aus HJ und BDM nationalsozialistisches Gedankengut weiterzugeben.“ [79]

[78] Griesmayer/Würschinger: Idee und Gestalt der Hitlerjugend, Druffel-Verlag, Leoni am Starnberger See 1979, S. 217
[79] Bersch, Hans-Jürgen in: Kinder in Uniform, S. 69

Neben dieser, vor allem bei schlechtem Wetter, im Heim abgehaltenen Nachmittage und Abende gehörten zum HJ-Dienst vor allem Sportnachmittage, Ferienlager, Ausflüge und die Teilnahme an Aufmärschen zur Pflicht. Geländespiele mit beispielsweise Karten und Kompass lesen galten ebenso als wichtiger Bestandteil, der zur Militarisierung der Jugendlichen beitrug (mehr dazu siehe Punkt 3.8) Ebenso gab es Fackelumzüge, Fahnenappelle und Paraden, welche, laut dem Zeitzeugen Werner Plath folgendermaßen abliefen: Es wurde aufmarschiert und Ehrenbezeugungen gemacht. Dies sollte geübt werden. Zudem musste richtig angetreten werden, ausgerichtet, Kommandos gegeben und ausgeführt werden etc.[80] Ähnlich lief es bei den Fahnenappellen ab: „Es wurde die Fahne gehisst, alle haben strammgestanden, und dann kam die Grußer weisung mit dem Hitlergruß." [81]
Engagieren mussten sich die Jugendlichen auch im sogenannten Winterhilfswerk. Dabei wurden gebrauchte Sachen gesammelt, zum einen für arme Familien, zum anderen für die Soldaten an der Front. [82] Helmut Pretzsch kann sich allerdings nicht an Sachen erinnern, die gesammelt wurden: „Sachen? Also ich weiß nur, dass überwiegend Geld gesammelt wurde." [83]

Die FDJ

Die Aktivitäten in der FDJ begannen vor allem nach dem regulären Schulunterricht. Es wurden weiterer politischer Unterricht, Wettbewerbe (in Bereichen wie Sport oder Sammeln von Altstoffen etc.) abgehalten, Lieder gesunden, Hausaufgaben erledigt o.ä. Dies fand alles in Schulräumlichkeiten statt, wobei man wieder eine klare Verknüpfung von Schule und Or ganisation (vgl. Punkt 3.6) erkennen kann. Mit dem Übertritt zu den Thälmannpionieren kamen dann einige weitere altersgerechte Punkte hinzu, wie naturwissenschaftlicher Unterricht und Übungen im Bereich der Fremdsprache. Weiterhin war die Teilnahme am Pionierzirkel „Unter der blauen Fahne" zur Pflicht geworden, der die jungen Thälmannpioniere auf den Übertritt in die FDJ vorbereiten sollte. [84]
Außerhalb der Schule gab es, ähnlich wie in der HJ, Ferienlager, die von Mitgliedern der FDJ besucht werden konnten. Beim Übertritt in die FDJ kam der politischen Schulung eine besondere Bedeutung zu. Diese wurde nun fester Bestandteil der Aktivitäten in der FDJ, es existierte ein sogenanntes FDJ-Studienjahr, welches Pflicht für alle Schüler war und bei dem das „Abzeichen für gutes Wissen" erworben werden konnte. Neben dieser politischen Bildung

[80] Plath, Werner in: Kinder in Uniform, S. 53
[81] Günsel, Werner in: Kinder in Uniform, S. 97
[82] Neumann, Martina in: Kinder in Uniform, S. 63
[83] Pretzsch, Helmut in: Kind er in Uniform, S. 87
[84] Niederaldhoff, S. 87f.

gab es weiterhin andere Aktivitäten wie Hilfe schwächerer Schüler, Förderung des Lernens, Sport, Erntehilfen, Sammlung von Altstoffen, musikalische Veranstaltungen und Teilnahme an Organisationen wie der GST, dem DRK o.ä. Populär bei den damaligen Jugendlichen in der FDJ waren ebenso die großen FDJ-Veranstaltungen, die ebenso von der FDJ organisiert und vor allem finanziert wurden. Ein Beispiel stellt das Pfingsttreffen in Ost-Berlin dar. Weiterhin organisierte die FDJ die Jugendweihe, die den Gegenpol zur christlichen Kommunion bzw. Konfirmation auch heute noch darstellt. [85]
Ebenso gab es in der FDJ bzw. den Pionieren die sogenannten Pioniernachmittage. „Es gab gemeinsame Sportnachmittage, es gab Skatspielen, Veranstaltungen; Basteln war angesagt.", berichtet Brigitte Pretzsch über ihre Zeit als Pionier.[86] Weiterhin wurden Geländespiele im Sinne von Pfadfinden gemacht und Altstoffe gesammelt, welche in der Schule abgegeben werden mussten. Die Pionierorganisation wurde dafür ebenso belohnt. [87]

Zusammenfassender Vergleich

Im Wesentlichen verlief die Gestaltung der HJ- bzw. FDJ-Nachmittage gleich. Man legte Wert auf Sport, veranstaltete demzufolge Sportnachmittage mit Wettbewerben, man fuhr in Ferienlager etc. Eine weitere Gemeinsamkeit stellt die Militarisierung dar, auf welche im nächsten Punkt noch einmal genauer eingegangen wird. Ebenso sind Gemeinsamkeiten, wie Fackelumzüge, Paraden, Aufmärsche und Fahnenappelle vorhanden. Wie ähnlich sich diese im Nachhinein doch sind, möchte ich anhand von Bildern, welche im Anhang auf Seite 42 zu finden sind, verdeutlichen.
Eine weitere Gemeinsamkeit sind die Sammelaktionen. So sammelte man im Winterhilfswerk zu Zeiten des Nationalsozialismus Geld o.ä. und spendete es; in der DDR-Zeit wurden vorwiegend Altstoffe gesammelt, um den Kreislauf der Produktion aufrecht zu erhalten. Beides diente wohl dazu, um Außenstehenden zu verdeutlichen, wie sozial doch die einzelnen Organisationen waren. Man wollte ein gutes Bild vermitteln. Natürlich sind die ursprünglichen Gedanken ebenso von Bedeutung (z.B. in der HJ Sachen an die Soldaten an der Front zu schicken, damit natürlich so viele Soldaten wie möglich auch weiterhin für den Krieg gerüstet sind), aber ich denke trotzdem, dass diese Aktionen mehr oder weniger dem guten Erscheinungsbild der Organisation diente.

[85] Ebd. S. 89f.
[86] Pretzsch, Brigitte in: Kinder in Uniform, S. 214
[87] Pretzsch, Brigitte in: Kinder in Uniform, S. 214

3.8 Militarisierung

Die HJ

„Die Wehrbereitschaft zu stärken war stets eines der Ziele bei der Leibeserziehung und der weltanschaulichen Schulung im Jungvolk und in der Hitlerjugend." [88] So kam es, dass in der HJ vor allem militärisch ausgebildet wurde, ohne aber die Jugendlichen davon offiziell in Kenntnis zu setzen. Nicht nur die politische Ausbildung und der hoch geschätzte Sportunterricht in der Schule dienten der Vorbereitung für den Kriegseinsatz. Auch die Heimabende und Nachmittage beinhalteten wesentliche Aktivitäten, die als (vor)militärisch gelten können. Eine besondere Bedeutung kam dabei den Geländespielen zu. Dabei wurden vor allem „Angriff und Verteidigung, Erkundung und Spähtrupptätigkeit, Kartenlesen und Geländeausnutzung" [89] geübt. Dies alles erfolgte natürlich im spielerischen Rahmen, sodass die Mitglieder der HJ ebenso Spaß an der Sache hatten wie auch Vorbehalte, wie, sie seien eine militärische Organisation, nicht zu äußern vermocht hätten. Die Geländespiele beinhalteten zudem einen Wettkampfcharakter, der beim Fähigkeitsmarsch oder der Geländekampfbahn deutlich ausgeprägt war. [90]
Ein weiterer vormilitärischer Aspekt waren die, vor allem bei den Pimpfen populären, Schießbungen. Diese fanden vor allem in Schützenvereinen statt, die auf freiwilliger Basis ihre Schießanlagen zur Verfügung stellten. Der Erwerb eines Schießabzeichens war ebenso ein Aspekt, der das Schießen für die jungen Menschen attraktiv machte. Zu Beginn des Krieges stieg die Zahl der jungen Schützen gewaltig an: „1939 gab es allein in der Hitlerjugend 1,5 Mill. Kleinkaliberschützen, von denen 51.500 das HJ-Schießabzeichen erworben hatten." [91]
Durch die Bildung von Sondereinheiten innerhalb der HJ wurde die militärische Ausbildung weiterhin verstärkt. So gab es beispielsweise die Motor-HJ, die Marine-HJ, die Nachrichten-HJ, die Flieger-HJ und die Reiter-HJ.

[88] Griesmayer/Würschinger, S. 119
[89] Ebd. S. 123
[90] Vgl. Ebd.
[91] Ebd. S. 123

Vor allem zur Charakterbildung trugen die Fahrten und die Wander ungen der HJ bei. Ansprüche auf Geld und Luxus sollten dabei zurückgestellt und das Einfügen in eine Gruppe erlernt werden.[92] In den Lagern wurden, ähnlich wie bei den Heimabenden, Leistungsspiele und Wettkämpfe veranstaltet. Weiterhin berichtet Werner Günsel: „In den Lagern hat man ja auch die meisten Abzeichen bekommen, wie zum Beispiel das [oben schon genannte] Schießabzeichen.“[93]

Die FDJ

An oberster Stelle der Jugendorganisation stand die „propagandistische und organisatorische Unterstützung der militärischen Aufrüstung der DDR.[94] Dazu gehörte unter anderem die Rekrutierung von Freiwilligen, die dann zur Polizei oder zum Militär gehen sollten. Bis zur Einführung der Wehrpflicht 1962 allerdings, hatten wenige Jugendliche das Bedürfnis, zur Volkspolizei o.ä. zu gehen. Die Regierung aber versuchte mit der Gründung der Gesellschaft für Sport und Technik (GST) im Jahre 1952 die Jugendlichen auf eine für diese unscheinbare Weise, mit den zukünftigen Ansprüchen im Wehrbereich vertraut zu machen. Sie stellten die Or ganisation mit sportlichem Wesen dar, vermittelten allerdings vormilitärische Kenntnisse. So zählten beispielsweise Segelfliegen und Fallschirmspringen, aber auch der Erwerb des Führerscheins zu Fähigkeiten, die Jugendliche sehr gern erwerben wollten. [95]
Weiterhin wurden die Jugendlichen mit Angeboten wie Modellbau, Tauchen, Funktechnik oder Motorsport in die Organisation gelockt. Somit konnten sie auf den Wehrdienst vorbereitet werden und schon erste Führungspositionen erwerben und so Kenntnisse darüber erlangen, die später einzusetzen waren. [96]
Ebenso wurden, laut Aussagen meiner Mutter, Schießbungen abgehalten. Mit Luftgewehren wurden Wettbewerbe veranstaltet. Der, der am besten auf die Zielscheibe traf, bekam eine Auszeichnung. Somit konnten die Jugendlichen schon erste Erfahrungen an der Waffe erwerben. Der GST konnten ebenso sowohl Mädchen als Jungen ab dem 14. Lebensjahr beitreten.
Weiterhin wurde in den Schulen, wie oben schon angesprochen, in den Klassen 9 und 10 das Fach „Wehrkundeunterricht“ eingeführt, welches sowohl Mädchen als auch Jungen besuchen

[92] Griesmayer/Würsching, S. 128ff.
[93] Günsel, Werner in: Kinder in Uniform, S. 90
[94] Mählert/Stephan, S. 89
[95] Ebd. S. 90
[96] Gesellschaft für Sport und Technik [URL: http://www.ddr-wissen.de/wiki/ddr.pl?Gesellschaft_f%FCr_Sport_ und_Technik], Stand: 27 . Feb ruar 2010

mussten. In Zusammenarbeit mit der NVA und der FDJ gab es in der Klasse 9 einen zweiwöchigen Lehrgang für Zivilverteidigung. Jungen mussten dafür ein Wehrlager besuchen, Mädchen erhielten eine Ausbildung in Bereichen des Sanitätsdienstes. [97]

Zusammenfassender Vergleich

Die Militarisierung der Jugend stellt eine Gemeinsamkeit der Organisationen dar, die als wesentlichstes Merkmal beider gilt. Auch die Art und Weise, wie diese vorgenommen wurde, ist erschreckend gleich. Allein die Tatsache, dass die Militarisierung vor den Kindern und Jugendlichen offiziell geheim gehalten wurde und diese unter dem sportlichen Aspekt militarisiert wurden, ist nahezu identisch. Dies belegen ebenso Zitate von Zeitzeugen. So sagt Werner Günsel beispielsweise auf die Frage nach der Vorbereitung auf den Krieg: „Nö, also dass du an was Schlechtes gedacht hättest ... Dass der mal Krieg macht, das hast du nicht gedacht."[98] Ähnlich lautet die Aussage von Brigitte Pretzsch über die Militarisierung in der FDJ: „Es gab zwar eine Appellordnung und damit eine Kommandoordnung [...] das gehörte [...] eben dazu. Und das habe ich nicht als militärisch empfunden." [99]
Ebenso die Militarisierung an sich ist gleich. So wurden in beiden Organisationen Sportnachmittage durchgeführt, Ferienlager veranstaltet und Geländespiele gemacht. Die Schießbungen stellen für mich dabei die gröte Gemeinsamkeit dar. Natürlich macht Kindern und Jugendlichen das Schießen in gewissermaßen Spaß, vor allem vor dem Aspekt, dass dies meist als Wettkampf ausgetragen wurde. So gab es in der Hitlerjugend das Schießabzeichen, in der FDJ diverse Auszeichnungen. Klar, dass dabei jedes Kind das Beste sein möchte. Zur Stützung dieser Gemeinsamkeit finden sich auch hier zu zwei Bilder im Anhang auf Seite 43.

[97] Niederaldhoff, S. 77f.
[98] Günsel, Werner in: Kinder in Uniform, S. 98
[99] Pretzsch, Brigitte in: Kinder in Uniform, S. 222

4. Fazit und Schlussbemerkungen

Zusammenfassend kann man eindeutig festhalten, dass sich die Freie Deutsche Jugend und die Hitlerjugend in Struktur und Aufbau, in der Gestaltung der Jugendarbeit und den Verknüpfungen mit der Schule sehr ähnlich waren. Klare Unterschiede bringen allerdings die inhaltlichen und weltanschaulichen Aspekte, was aber vor auszusetzen und zu erwarten war. Die Gemeinsamkeit, die für mich als die erschreckendste gilt, ist wohl die Militarisierung der Jugendlichen. Es ist faszinierend, inwieweit sich die beiden Organisationen in dieser Hinsicht doch ähneln. Die Frage, ob die FDJ sich dies gewissermaßen von der HJ abgeschaut hat, bleibt allerdings offen. Wenn man aber bedenkt, dass die deutsche FDJ unmittelbar nach dem Verbot der NSDAP und damit auch der HJ gegründet wurde, ist davon auszugehen, dass gewisse Aspekte sicherlich übernommen wurden. Zu beachten ist dabei aber, dass sich Jugend mit dem Beitritt der FDJ vom Nationalsozialismus abwenden wollte, zumindest inhaltlich ist ihnen das auch gelungen. Das dabei allerdings eine Organisation entsteht, die der damaligen Hitlerjugend so ähnelt, hätte wohl keiner für möglich gehalten. Das Zitat von Werner Plath, welches in der Einleitung dargestellt wurde, möchte ich hiermit gewissermaßen bestätigen.
Aber auch andere Zeitzeugen sprechen zusammenfassend von sehr vielen Parallelen der beiden Organisationen. „Obwohl sich die DDR ganz stark vom NS-Regime abgegrenzt hat, bestand der Sinn der Jugendorganisation letztlich immer darin, Kindern durch bestimmte Mittel, zum Beispiel Lieder, Ausflüge, „Kampfaufträge", eine Meinung aufzuzwingen und ihnen keinerlei Freiheiten zu lassen!"[100], so Antje Kröger, ehemaliges Mitglied der FDJ. Natürlich gilt dies vor allem jetzt, im Nachhinein. Denn zur Zeit der DDR hätte man wohl nicht von solchen Parallelen zu sprechen gewagt bzw. diese auch nicht bewusst wahrgenommen: „Zu DDR-Zeiten, als ich selber bei der FDJ war, wäre es für mich unvorstellbar gewesen, dieses System mit der Hitlerjugend zu vergleichen. Aber wenn ich jetzt so nachdenke…" [101]
In nachfolgender Tabelle sollen die wichtigsten Ergebnisse meiner Arbeit noch einmal zusammenfassend dargestellt werden. Ich denke, dies gibt es einen guten Überblick und verdeutlicht noch einmal, wie viele Gemeinsamkeiten doch die beiden Jugendorganisationen hatten.

[100] Kröger, Antje in: Kinder in Uniform, S. 287
[101] Schrade, Erika in: Kinder in Uniform, S. 251

	Hitlerjugend	**Freie Deutsche Jugend**
Geschichtliche Vorbedingung	Folgen des Ersten Weltkrieges	Folgen des Zweiten Weltkrieges
Existenz	1926-1945	1946-1990 (heute noch in bedeutungsloser Form)
Partei	NSDAP	SED
Politisches System	Nationalsozialismus	Sozialismus
Struktur	Unterteilung: JV, JM, BDM und HJ	Unterteilung in JP, TP und FDJ
Aufbau	hierarchisch	hierarchisch
Mitgliedsalter	10 Jahre	6 Jahre
Mitgliedschaft	gesetzlich geregelt, Zwang	formell freiwillig
Strafen bei Nichteintritt	Geldstrafen, Haftstrafen	geringere Möglichkeiten in der schulischen Laufbahn
Aufnahme	Aufnahmefeier	Aufnahmefeier
Gründe	Gemeinschaftsgefühl, Gesetze	Gemeinschaftsgefühl, Karriere
Uniform	ja, v.a. Braunhemd	ja, v.a. Blauhemd
Gleichschaltung	Monopolstellung der HJ	Monopolstellung der FDJ
Funktion	Jugend als Reserve für die Partei	Jugend als Reserve für die Partei
Erziehung	politischer Charakter Erziehung zum nationalsozialistisch denkenden und handelnden Menschen	politischer Charakter Erziehung zum sozialistisch denkenden und handelnden Menschen
Organisation und Schule	geringere Verknüpfung als in FDJ schulische Laufbahn abhängig von Mitgliedschaft Sonderschulen: NAPOLA, Adolf-Hitler-Schulen	sehr große Verknüpfung schulische Laufbahn abhängig von Mitgliedschaft
Körperl.Ertüchtigung	sehr hoch geschätzt	sehr hoch geschätzt
Aktivitäten	Sport, Geländespiele, Heimabende, Ferienlager, Appelle, Aufmärsche, Fackelumzüge	Sport, Geländespiele, Pioniernachmittage, Ferienlager, Appelle, Aufmärsche, Fackelumzüge
Gemeinnützige Projekte	Sachen/Geld sammeln (Winterhilfswerk)	Altstoffe sammeln
Militarisierung	Sport, Geländespiele, Schießen, Marschieren, Fahrten, Wanderungen, Wettkämpfe	Sport, Geländespiele, Schießen, Fahrten, Wanderungen, Wettkämpfe
Bes. Einrichtungen	Sondereinheiten	GST, DRK

I Abkürzungsverzeichnis

BDM	Bund Deutscher Mädel
CDUD	Christlich Demokratische Union Deutschlands
DAP	Deutsche Arbeiterpartei
DDR	Deutsche Demokratische Republik
DRK	Deutsches Rotes Kreuz
EOS	Erweiterte Oberschule
GST	Gesellschaft für Sport und Technik
HJ	Hitlerjugend
JM	Jungmädelbund
JV	Deutsches Jungvolk
KPD	Kommunistische Partei Deutschlands
LDPD	Liberal-Demokratische Partei Deutschlands
NAPOLA	Nationalpolitische Erziehungsanstalt
NSDAP	Nationalsozialistische Deutsche Arbeiterpartei
NVA	Nationale Volksarmee
PDS	Partei des Demokratischen Sozialismus
POS	Polytechnische Oberschule
SBZ	Sowjetische Besatzungszone
SED	Sozialistische Einheitspartei Deutschlands
SMAD	Sowjetische Militäradministration
SPD	Sozialdemokratische Partei Deutschlands
UdSSR	Union der Sozialistischen Sowjetrepubliken (kurz: Sowjetunion)
ZK	Zentralkomitee

II Quellenverzeichnis

Arlt, Auerbach et al.: Geschichte der Freien Deutschen Jugend – Chronik, Verlag Neues Leben Berlin, 2. Auflage, Berlin, 1978

Brandenburg, H.C.: Die Geschichte der HJ – Wege und Irrwege einer Generation, Verlag Wissen schaft und Politik, Köln, 1968

Gamm, Hans-Jochen : Führung und Verführung. Pädagogik des Nationalsozialismus, 3. Auflage, Paul List Verlag, München, 1964

Griesmayer/Würschinger : Idee und Gestalt der Hitlerjugend, Druffel-Verlag, Leoni am Starnberger See, 1979

Herrlitz H.G. et al.: Deutsche Schulgeschichte von 1800 bis zur Gegenwart - Eine Einführung. 4., überarb. und akt. Auflage, Weinheim: Beltz, 2005

Huber, K.H.: Jugend unterm Hakenkreuz, Verlag Ullstein GmbH, Frankfurt/Berlin, 1986

Jahnke, K.H. & Buddrus, M.: Deutsche Jugend 1933 – 1945 – Eine Dokumentation, VSA-Verlag, Hamburg, 1989

Klönne, Arno : Jugend im Dritten Reich. Die Hitler-Jugend und ihre Gegner – Dokumente und Analysen, Eugen Diedrichs Verlag, Köln, 1982

Koch, H.W.: Geschichte der Hitlerjugend – Ihre Ursprünge und ihre Entwicklung 1922 – 1945, Verlag R.S. Schulz, Percha am Starnberger See, 1975

Mählert, U. & Stephan, G.R .: Blaue Hemden – Rote Fahnen: Die Geschichte der Freien Deuschen Jugend, Leske + Budrich, Opladen, 1996

Mählert, U.: Die Freie Deutsche Jugend 1945-1949. Von den „Antifaschistische Jugendausschüssen" zur SED-Massenrganisation: Die Erfassung der Jugend in der Sowjetischen Besatzungszone, Schöningh Verlag, Paderborn, 1995

Niederdalhoff , F.: „Im Sinne des Systems einsetzbereit…" – Mädchenabreit im „Bund Deutscher Mädel" (BDM) und in der „Freien Deutschen Jugend" (FDJ) – Ein Vergleich, LIT Verlag, Münster, 1997

Peter, C.: Die Hitlerjugend und die Freie Deutsche Jugend – zwei deutsche Staatsjugendorganisa tionen im Vergleich, Grin - Verlag für Akademische Texte, Luzern, 2008

Reese, D.: Die BDM-Generation – Weibliche Jugendliche in Deutschland und Österreich im Nationalsozialismus, Verlag für Berlin-Brandenburg, Berlin, 2007

Renner, Bersch, Pretzsch et al .: Kinder in Uniform – Generationen im Gespräch über Kindheit und Jugend in zwei deutschen Diktaturen, Schulmuseum – Werkstatt für Schulgeschichte Leipzig, Leipzig, 2008

Skyba, P.: Vom Hoffnungsträger zum Sicherheitsrisiko – Jugend in der DDR und Jugendpolitik der SED 1949 – 1961, Böhlau Verlag, Köln/Weimar/Wien/Böhlau, 2000

Von Hellfeld, M.: Bündische Jugend und Hitlerjugend – Zur Geschichte von Anpassung und Widerstand 1930 – 1939, Verlag Wissenschaft und Politik, Köln, 1987

Walter, Michael: Die Freie Deutsche Jugend. Ihre Funktionen im politischen System der DDR, Arnold Bergstraesser Institut, Freiburg, 1997

Internetquellen:

Gesellschaft für Sport und Technik
[URL: http://www.ddr-wissen.de/wiki/ddr.pl?Gesellschaft_f%FCr_Sport_und_Technik],
Stand: 27. Februar 2010

Krajewski, André: Hitlerjugend – HJ
[URL: http://www.shoa.de/drittes-reich/herrschaftsinstrument-staat/151.html],
Stand: 25. Februar 2010

Hitler-Jugend
[URL:http://wissen.de/wde/generator/wissen/ressorts/geschichte/index,page= 1122982.html],
Stand: 20.02.2010

Sammlung Alltagskultur II
[URL: http://www.dhm.de/sammlungen/alltag2/textilien/fdj.html] ,
Stand: 01.03.2010

Sozialistische Einheitspartei Deutschlands (SED)
[URL: http://www1.bpb.de/popup/popup_lemmata.html?guid=63EM1E],
Stand: 24.02.2010

Nationalsozialistische Deutsche Arbeiterpartei (NSDAP) 1933-1945
[URL: http://www.dhm.de/lemo/html/nazi/innenpolitik/nsdap/index.html],
Stand: 24. Februar 2010

Pionierorganisation Ernst Thälmann
[URL: http://www.uniprotokolle.de/Lexikon/Pionierorganisation_Ernst_Th%E4lmann.html] ,
Stand: 24. Februar 2010

Geschichte der FDJ
[URL: http://www.fdj.de/FDJ_Homepage_08/Seiten/Geschichte.html],
Stand: 25. Februar 2010

Sauerwein, Teresa: Hitlerjugend (HJ), 1926-1945, in: Historisches Lexikon Bayerns,
[URL: http://www.historisches-lexikon-bayerns.de/artikel/artikel_44892],
Stand: 30.11.2009

III Anhang

Der Aufbau der Hitlerjugend

Aus: Koch, H.W.: Geschichte der Hitlerjugend – Ihre Ursprünge und ihre Entwicklung 1922 – 1945, Verlag R.S. Schulz, Percha am Starnberger See, 1975, S.400

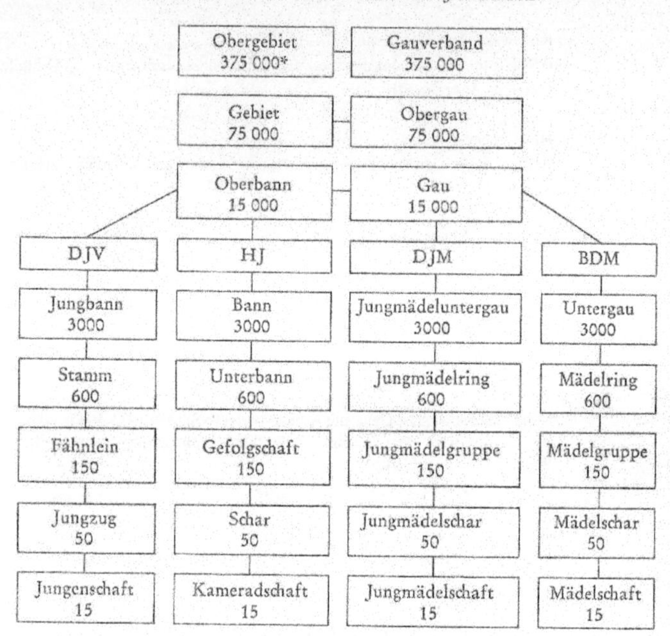

* Annähernde Zahlen nach Gebieten bzw. Einheiten.

Die Dienstränge der HJ

Aus: Koch, H.W.: Geschichte der Hitlerjugend – Ihre Ursprünge und ihre Entwicklung 1922 – 1945, Verlag R.S. Schulz, Percha am Starnberger See, 1975, S.399

Die Dienstränge der Hitler-Jugend

Während der kurzen Geschichte der HJ wechselten die Gliederungsbenennungen häufig. Die hier wiedergegebene Aufstellung stammt, vereinfacht, aus dem Jahr 1943. Zur Stärke der einzelnen Einheiten s. das Schema der nächsten Seite.

Jugendführer des Deutschen Reiches: Baldur von Schirach
Reichsjugendführer: Arthur Axmann

HJ	DJV
Stabsführer	–
Obergebietsführer	–
Gebietsführer	–
Oberbannführer	–
Bannführer	*Jungbannführer*
Stammführer	*Unterbannführer*
Gefolgschaftsführer	*Fähnleinführer*
Scharführer	*Jungzugführer*
Kameradschaftsführer	*Jungenschaftsführer*
Hitlerjunge	*Pimpf*

BDM	DJM
Reichsreferentin	–
–	–
Obergauführerin	–
Hauptmädelführerin	–
Untergauführerin	*JM-Untergauführerin*
Mädelringführerin	*JM-Ringführerin*
Mädelgruppenführerin	*JM-Gruppenführerin*
Mädelscharführerin	*JM-Scharführerin*
Mädelschaftsführerin	*Jungmädelschaftsführerin*
Mädel	*Jungmädel*

399

Entwicklung der Zahl der HJ-Mitglieder im Verhältnis zur Zahl der männlichen und weiblichen Jugendlichen 1932-1939

Aus: Jahnke, K.H. & Buddrus, M.: Deutsche Jugend 1933 – 1945 – Eine Dokumentation, VSA-Verlag, Hamburg, 1989, S. 15

Entwicklung der Zahl der HJ-Mitglieder im Verhältnis zur Zahl der männlichen und weiblichen Jugendlichen 1932 - 1939

	1. Jugendliche			2. Jugendliche			3. Jugendliche		
Jahr	10 - 14 Jahre gesamt	davon in DJ und JM	in %	14 - 18 Jahre gesamt	davon in HJ u. BDM	in %	10 - 18 Jahre gesamt	davon in DJ, HJ, JM, BDM	in %
Ende 1932	4.134.000	33.347	0,8	3.450.000	74.609	2.2	7.584.000	107.956	1.4
Ende 1933	4.629.000	1.480.003	32.0	2.900.000	812.038	28.0	7.529.000	2.292.041	30.4
Ende 1934	4.749.000	2.319.621	48.8	2.933.000	1.257.944	42.9	7.682.000	3.577.565	46.6
Ende 1935	4.620.000	2.544.343	55.0	3.552.000	1.398.960	39.4	8.172.000	3.943.303	48.2
Ende 1936	4.488.000	3.395.740	75.7	4.168.000	2.041.861	49.0	8.656.000	5.437.601	62.8
Ende 1937	4.394.000	3.607.073	82.1	4.666.000	2.272.882	48.7	9.060.000	5.879.955	64.9
Ende 1938	4.320.000	3.919.657	90.7	4.789.000	3.111.569	65.0	9.109.000	7.031.226	77.2
Anf. 1939	4.275.000	4.061.013	95.0	4.595.000	3.226.457	70.2	8.870.000	7.728.259	87.1

Nach der fast vollständigen Aufnahme des Jahrgangs 1929 in das DJ und in den JM sowie der Übernahme des ältesten Jahrgangs (1925) von DJ und JM in die HJ und den BDM am 20.4.1939 ergab sich für die gesamte HJ eine Mitgliederzahl von ca. 8.700.000 98.1

FDJ-Mitgliederbewegung in der SBZ

Aus: Mählert, Ulrich: Die Freie Deutsche Jugend 1945 – 1949. Von den „Antifaschistischen Jugendausschüssen" zur SED-Massenorganisation: Die Erfassung der Jugend in der Sowjetischen Besatzungszone, Ferdinand Schöningh Verlag, Paderborn 1995, S. 376

FDJ-Mitgliederbewegung in der SBZ

	1946	1947	1948	1949
Januar		419829	486548	464821
Februar		431159	479640	522130
März		439704	473609	565730
April		454231	453309	610782
Mai		462591	435615	659831
Juni		473097*	436386	695183
Juli	306779	478355	425628	790346
August	334174	482423	426734	892526
September	354414	487235	430276	923846
Oktober	377184	489333	431718	936460
November	395500	491440	445362	949927
Dezember			454092	

* ab Juni 1947 beziehen sich die Zahlenwerte auf das Gebiet SBZ+Berlin

Die Uniform der Hitlerjugend

Aus: [URL: http://www.dhm.de/ausstellungen/lebensstationen/2_53-55.htm], Stand: 01. März 2010

Die Uniform der FDJ

Aus: [URL: http://www.dhm.de/sammlungen/alltag2/textilien/fdj.html], Stand: 01. März 2010

Blusen und Hemden der Freien Deutschen Jugend in der DDR (1950 bis 1975)

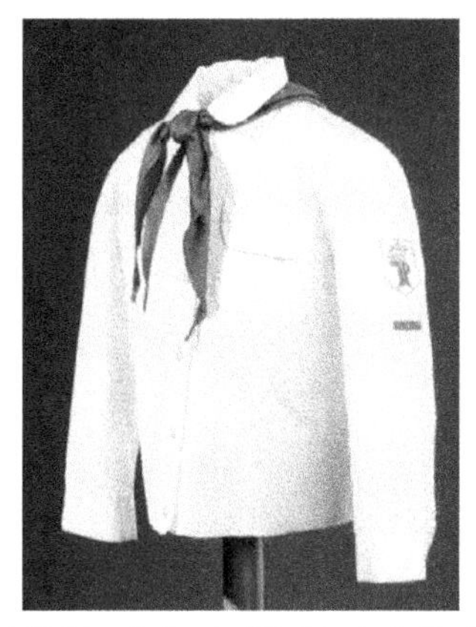

Bluse und blaues Halstuch für Jungpioniere der "Pionierorganisation Ernst Thälmann" in der DDR (um 1960)

Das Erziehungsmodell des NS-Staates

Aus: Koch, H.W.: Geschichte der Hitlerjugend – Ihre Ursprünge und ihre Entwicklung 1922 – 1945, Verlag R.S. Schulz, Percha am Starnberger See, 1975, S.403

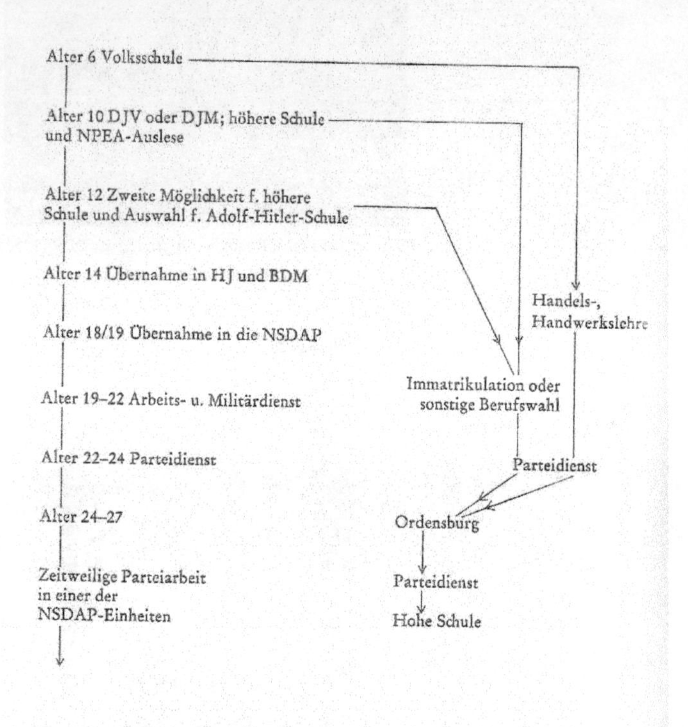

Bilder im Gegenüber: Vergleich zweier Bilder aus Lehrbüchern

Aus: Renner, Bersch, Pretzsch et al.: Kinder in Uniform – Generationen im Gespräch über Kindheit und Jugend in zwei deutschen Diktaturen, Schulmuseum – Werkstatt für Schulgeschichte Leipzig, Leipzig 2008, S. 164

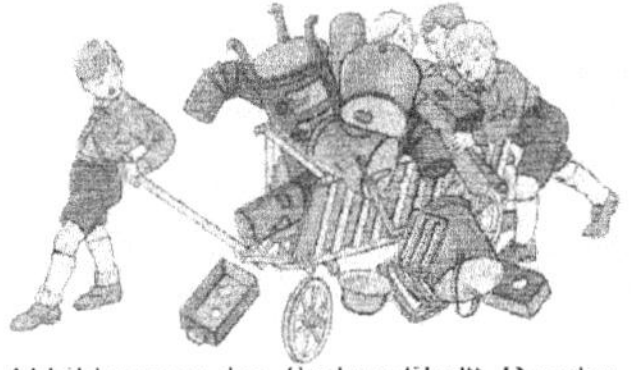

Abbildung aus der „Sachsenfibel", Dresden 1941

Abbildung aus „Unsere Fibel", Berlin 1970-89

Bilder im Gegenüber: Vergleich zweier Propagandaplakate

Aus: Renner, Bersch, Pretzsch et al.: Kinder in Uniform – Generationen im Gespräch über Kindheit und Jugend in zwei deutschen Diktaturen, Schulmuseum – Werkstatt für Schulgeschichte Leipzig, Leipzig 2008, S. 164

„Alle Zehnjährigen in die HJ", Propagandaplakat, um 1939

„Seid bereit – immer bereit", zeitgenössische Werbung für die Pionierorganisation

Bilder im Gegenüber: Vergleich von Aktivitäten in der HJ und der FDJ

Aus: Renner, Bersch, Pretzsch et al.: Kinder in Uniform – Generationen im Gespräch über Kindheit und Jugend in zwei deutschen Diktaturen, Schulmuseum – Werkstatt für Schulgeschichte Leipzig, Leipzig 2008, S. 162f.

Aufmarsch der Hitlerjugend zum 50. Geburtstag Adolf Hitlers am 20. April 1939 in Berlin

Vorbeimarsch der FDJ an der Tribüne im Lustgarten, 2. Deutschlandtreffen der Jugend in Ostberlin, 1954

Jungvolk marschiert, im Vordergrund der Fahnenträger, Herbst 1933

Thälmannpionier im Ferienlager „La Pasionaria" in Waren/Müritz, 1955

Feierstunde des BDM vor dem Pergamonmuseum in Berlin, Juni 1936

Fackelzug der FDJ zum 40. Jahrestag der DDR in Berlin, Oktober 1989

Bilder im Gegenüber: Vergleich zweier Bilder zu Schießbungen

Aus: Renner, Bersch, Pretzsch et al.: Kinder in Uniform – Generationen im Gespräch über Kindheit und Jugend in zwei deutschen Diktaturen, Schulmuseum – Werkstatt für Schulgeschichte Leipzig, Leipzig 2008, S. 165

Eine Gruppe des DJ bei der Ausbildung am Karabiner in einem Zeltlager der HJ an der Ostsee, 1938

Pioniere bei Schießbungen unter Anleitung von GST-Mitgliedern, 1970er Jahre

Lightning Source UK Ltd.
Milton Keynes UK
UKHW011136271220
375899UK00004B/812

9 783640 600311